Dieses Buch gehört:

_____

Sei lieb zu diesem Buch!

5 4 3 2 1

ISBN 3-8157-3298-0

© 2004 Coppenrath Verlag, Münster
Alle Rechte vorbehalten, auch auszugsweise
Printed in China
www.coppenrath.de

Der kleine Engel Raphael

Eine Weihnachtsgeschichte von Astrid Mola
Mit Bildern von Dorothea Ackroyd

COPPENRATH

Christian schaut aus dem Fenster. Schneeflocken rieseln leise vom Himmel und glitzern im Schein der Straßenlaterne. So kurz vor Weihnachten wird es früh dunkel.
„Hoffentlich schneit mein Wunschzettel nicht ein!", denkt Christian. Vor ihm auf dem Fensterbrett unter einem Stein liegt er, in einem roten Briefumschlag mit goldenen Sternen drauf. Auf seinen Wunschzettel hat er nur einen einzigen Wunsch geschrieben: ein Segelschiff!
Auf einmal sieht Christian etwas, etwas sehr Seltsames: einen hellen leuchtenden Fleck, der immer näher kommt. Was ist das bloß?
Ganz ruhig bleibt Christian stehen und starrt in die Dunkelheit. Das ist doch…
Ja, tatsächlich! Christian erkennt einen kleinen Engel mit einem Rucksack und einer glitzernden Sternenmütze auf dem Kopf. Ganz deutlich erkennt er ihn.

Der kleine Engel kommt ganz nah an das Fenster herangeflogen. Als er angekommen ist, rollt er den Stein zur Seite, mit dem Christian seinen Wunschzettel auf dem Fensterbrett beschwert hat, und steckt den Briefumschlag mit dem Wunschzettel in seinen Rucksack. Christian wagt kaum zu atmen. Mucksmäuschenstill beobachtet er den kleinen Engel. Plötzlich schaut der Engel durchs Fenster, direkt in Christians Gesicht – und zuckt erschrocken zusammen.

Aber dann lächelt er und legt den Finger auf seinen Mund. Mit einem Mal spürt Christian eine angenehme Wärme, seine Augen strahlen und er fühlt sich so glücklich wie noch nie. Ein Engel! Ich habe einen echten Engel gesehen, denkt er, und er mich! Ist das ein wunderschönes Geheimnis!

Raphael, der kleine Engel, grinst verschämt. Das ist ihm ja noch nie passiert! Während seiner ganzen Zeit als Briefträgerengel hat ihn noch kein einziges Menschenkind gesehen. Noch nie! Und niemand darf davon erfahren, sonst gibt es Ärger!

„Das bleibt ein Geheimnis", flüstert Raphael, schnürt seinen Rucksack ganz fest zu und fliegt davon, zurück in den Himmel.

Christian sitzt noch immer wie gebannt am Fenster. Oh, wenn ich einmal sehen könnte, wie es in der Adventszeit dort oben im Himmel zugeht, denkt er. Im Himmel ist jetzt sicher viel los. Erst gestern haben die Engel Plätzchen gebacken. Der Himmel war ja ganz rot! Bestimmt gibt es eine riesige Werkstatt, in der all das Spielzeug gemacht wird, das sich die Kinder zu Weihnachten wünschen… Und so ist es auch.

Jonas, der kleine Handwerkerengel, stanzt gerade das Blech für ein großes Spielzeugauto aus. Auf einmal steht Engel Jesaia vor ihm.

„Ein Puppenarm ist kaputt gegangen, ich brauche Kleber", sagt Jesaia.

„Hier in eurer Halle dröhnt es aber laut!"

„Ja, hier jaulen die Bohrmaschinen, hier wird gehämmert und gesägt", lacht Handwerkerengel Josua, der gerade vorbeikommt. Jonas holt eine Tube Kleber und drückt sie Jesaia in die Hand.

„Dürfen wir mitkommen und uns anschauen, was ihr in der Puppenwerkstatt macht?", fragt Josua.

Sie kommen an der Himmelsbäckerei vorbei, wo gerade mehrere Bäckerengelchen Zimtsterne, Schokoladenkringel und Lebkuchen von den Backblechen schieben. Bäckerengel Jakob nimmt von jedem Blech ein paar Kostproben und gibt sie Jesaia, Jonas und Josua. Hmmh, schmecken die gut! „Wo geht ihr hin?", fragt Jakob. „Ich will mit!"

In der Puppen- und Schmusetierwerkstatt stopfen gerade einige Engel Silberwatte in Teddybären, Stoffelefanten und langmähnige Löwen. Andere ziehen den Puppen Kleider an. „Hier werden die feinen Sachen gemacht", lacht Jonas, „während wir Handwerkerengel in der Werkstatt ganz schön hart arbeiten müssen!"

„Ja, wir stanzen, sägen und feilen immerzu", sagt Josua.
„Wie gern würde ich mal Puppenhaare flechten, Melodien für die Spieldosen aussuchen oder Wimpern auf die Stofftiere nähen", seufzt er, während er den kaputten Puppenarm, an dem Jesaia gearbeitet hatte, wieder zusammenklebt.
„Aber das ist doch ganz leicht zu ändern", sagt Bäckerengel Jakob.
Jonas nickt zustimmend. „Auch Johannes hat mir gerade gestern gesagt, dass er so gerne mal ein Bilderbuch für die Kinder malen würde."
Johannes ist einer der Buchhalterengel, die von allen bewundert werden. Sie können nämlich rechnen. Sie rechnen zum Beispiel aus, wie viel Holz für Kaufläden, wie viel Farbe für Autos und wie viel Blech für Eisenbahnen gebraucht wird. Und wie viele Puppen- und Stofftieraugen!
Inzwischen hat sich eine kleine Gruppe von Engeln um die vier gesammelt und jeder erzählt, was er am liebsten tun würde.

„Sie kommen!", ruft Engel Jeremi plötzlich und alle schauen zum großen Himmelstor. Dort kommt gerade ein ganzer Schwung Briefträgerengel herein. Sie tragen Rucksäcke voll mit Wunschzetteln, die sie unten auf der Erde eingesammelt haben. Und glitzernde Sternenmützen, weil es da unten so kalt ist. „Zeigt!", rufen die anderen und scharen sich um die kleinen Briefträger.

Einer der Briefträgerengel macht die Briefe mit den Wunschzetteln auf, ein anderer liest sie vor und ein dritter macht eine Liste.

„Hier – ein Ritterschwert, ein Kaufladen, viel Schokolade!"

„Hier – ein Memory-Spiel, eine Gartenschaukel – was, im Winter? Na ja, und eine Puppe mit roten Zöpfen und einem grünen Kleid."

„Hier – ein Bodenpuzzle, ein Dreirad, ein Fernlenkauto, ein Zauberkasten."

„Hier – ein Kuschelteddy. Mehr nicht – ach ja, das ist ein ganz liebes kleines Mädchen, da denken wir uns noch etwas dazu aus."

„Hier – ein Segelschiff ... Wo ist denn die Adresse dazu? Wer hat denn vergessen, die aufzuschreiben? Wo soll das hin, das Segelschiff?"

„Ich ... ich weiß noch genau, auf welchem Fensterbrett der Brief gelegen hat!", ruft Briefträgerengel Raphael. „Am liebsten würde ich Christian das Geschenk selbst bringen", sagt er leise.

Da hat Engel Jakob eine Idee! „Ich weiß was", verkündet er. „Wir rufen alle Engel zusammen und schauen uns gemeinsam die Wunschzettel an. Und ab jetzt darf jeder Engel, egal ob Handwerkerengel, Buchhalterengel, Bäckerengel oder Puppenengel das machen, wozu er Lust hat! Und wer was nicht kann, der lässt es sich zeigen!" Einen Moment schauen alle verblüfft und dann rufen sie: „Bravo! Gute Idee! So machen wir's!"

Dann geht es mit Volldampf an die Arbeit. Manche Puppenengel arbeiten jetzt in der großen Werkhalle und so mancher Handwerkerengel im Puppen- und Schmusetierraum. Und in der Himmelsbäckerei tritt man sich schon fast auf die Füße! So schnell ist im Himmel wohl noch nie gearbeitet worden, denn jetzt sind alle Engel mit großem Spaß dabei. Wenn jemand müde wird, trinkt er Rosenmet. Das sind von Libellen im Sommer gesammelte Rosentautropfen. Ab und zu nimmt ein Engel seine Harfe zur Hand und spielt eine kleine feine Melodie. Und manchmal greift einer zu seiner Trompete und sie spielen zu zweit.

Als die Spielsachen fertig sind, kommen sie in Körbe, und von Wolke zu Wolke hüpfend machen sich die Engel wieder auf den Weg hinunter zur Erde. Jetzt sind sie alle auf einer großen rosa Wolke angekommen, an der die erste Himmelsleiter lehnt. Sie könnten ja fliegen, die Engel, aber mit dem vielen Spielzeug in den Körben? Die sind viel zu schwer.
So klettern sie jetzt die Himmelsleiter vorsichtig hinunter…
Und dann die nächste Himmelsleiter…
Und dann noch eine…
Und noch eine…
Moment! Was ist denn jetzt los? Die unterste Himmelsleiter reicht nicht bis zur Erde! Engel Jeremi ruft nach oben: „Wir brauchen noch eine Leiter! Weitersagen!"
Aber von Leiter zu Leiter kommt die Botschaft nach unten: „Es ist keine mehr da!"

„Knotet alle eure Sternenmützen zusammen!", ruft Jakob.
„Dann bekommen wir ein Seil mit vielen Knoten und daran können wir runterklettern."
Gute Idee! Das machen sie. Aber plötzlich spannt sich das Mützenseil – und reißt! Die Engel flattern erschrocken hoch und…

… zugleich saust ein Kuddelmuddel aus Sternenmützen und Geschenken nach unten – rums – direkt in den Schlitten vom Weihnachtsmann!

Der hatte schon sehnlich auf die Engel gewartet. „Na, wird ja auch langsam Zeit!", ruft er. „Interessante Geschenke sehe ich diesmal: rosa Autos, verschiedenfarbige Kuscheltieraugen, ein Segelschiff: oho! Schaukeln mit Punkten drauf, runde Kaufläden – warum nicht?"

Die Engel schauen sich an und kichern. „Jetzt aber marsch zurück in den Himmel!", ruft der Weihnachtsmann. „Allerdings … für einen von euch hätte ich im Schlitten gerade noch Platz."

Da tritt Engel Raphael vor. „Darf ich bitte, bitte mit?", fragt er leise.

„Na klar, steig schnell ein, Raphael!", lacht der Weihnachtsmann.

Da leuchtet das Gesicht des kleinen Engels so sehr, dass es um den Schlitten herum ganz hell wird.

Als Christian am Heiligabend die Tür zum Wohnzimmer öffnet, sieht er unter dem Weihnachtsbaum als Erstes ein großes buntes Segelschiff mit einem echten batteriebetriebenen Motor! Plötzlich spürt Christian wieder diese angenehme Wärme und seine Augen bekommen einen geheimnisvollen Glanz. Christian schaut zum Fenster. Und da sieht er – einen kleinen Engel mit einer Sternenmütze auf dem Kopf. Und der kleine Engel zwinkert ihm lächelnd zu.